Labrador

GUSTAVO PRADO

COM ILUSTRAÇÕES DE YOLLANDA ARRUDA

A MACUMBA DOS MEUS

Coordenação editorial Pamela J. Oliveira
Assistência editorial Vanessa Nagayoshi, Leticia Oliveira
Direção de arte e capa Amanda Chagas
Projeto gráfico e diagramação Amanda Chagas e Vinicius Torquato
Preparação de texto Sérgio Nascimento
Revisão Gleyce F. de Matos
Ilustrações Yollanda Arruda

Dados Internacionais de Catalogação na Publicação (CIP)
Jéssica de Oliveira Molinari - CRB-8/9852

Prado, Gustavo

A macumba dos meus / Gustavo Prado;
ilustrações de Yollanda Arruda.
São Paulo : Labrador, 2025.
80 p. : il., color.

ISBN 978-65-5625-961-1

1. Umbanda (Culto) 2. Religiões africanas
I. Título II. Arruda, Yollanda

25-3793 CDD 299

Índice para catálogo sistemático:
1. Umbanda (Culto)

Labrador
Diretor-geral Daniel Pinsky
Rua Dr. José Elias, 520, sala 1
Alto da Lapa | 05083-030 | São Paulo | SP
contato@editoralabrador.com.br | (11) 3641-7446
editoralabrador.com.br

Peço licença aos mais velhos para chegar.
Peço licença aos mais novos para falar.

PREFÁCIO

É fácil. Fácil igual girar.

Vocês já adentraram em um Terreiro? (Assim mesmo, com T maiúsculo porque é morada Ancestral.) Eu me lembro da primeira vez que vesti um branco e pisei naquele solo batido, e eu me lembro da entrega. Lembro que a cada toque do atabaque, conforme eu aceitava, o meu corpo se mexia – movimentava. Não havia nada que ficasse parado, era "fácil".

Foi quando percebi que difícil mesmo era uma vida mal-vivida, que se segue ou se estabelece sem se entregar, sem entender que o corpo que me guia é o mesmo que me faz girar. Antinatural é não contemplar a mata, doença é não dançar na Lua, cansaço é não rezar o Rosário e infelicidade é não gargalhar ao ver o fogo queimar. Em cada onda que bate e rodopia, Gustavo faz mostrar que é fácil se encantar.

Rapaz que anda com o peito ligado aos pés. Andarilho que faz das vísceras a morada de quem caminha com fé. Encontrei neste livro a saudade que um dia me abarcara, de uma vida de tanta gentileza, sensibilidade e alegria, uma vida de encantaria. A Macumba irradia, pulsa cores, cultura e fé.

A magia Ancestral é o que possibilita, abre, dá acessos para a gente embarcar em si e no todo que nos cerca. É morada onde o Coletivo encontra a potência e transforma a doença. Onde tem Ancestre, tem mãos dadas. E juntos, assim, a gente segue: horas lutando, outras se encantando, porque contemplar a vida através do Ancestral é uma revolução que não cessa. E tal como Gustavo, sejamos revolucionários.

Escutando como Preto-velho ensina, pisando firme como o caboclo manda, sorrindo como o erê brinca.

Sensibilidade tamanha é a dos nossos Ancestrais que, entre lutas e esperanças, não deixaram de guiar (girar).

Lembrei então de brincar na caminhada... assim como Gustavo brinca com as palavras. Só assim a gente limpa as mágoas, só assim se elucida cada passada.

Marcela Araújo
ESCRITORA E ALQUIMISTA

A MACUMBA DOS MEUS

É um equívoco não politizar as histórias dos nossos Ancestrais de Terreiro. A história do nosso país, como já sabemos, foi e é construída às custas de muito sangue, sofrimento e dor daqueles que durante séculos, e até hoje, são invisibilizados e menosprezados. A macumba dos meus existe desde que padres, pajés e feiticeiros africanos se reuniram para invocar seus mortos e promover festas e curas. A macumba dos meus é uma inconformação com a vida imputada por pessoas e ideologias colonizadoras. Ela é tão inconformada que se recusa a morrer, recusa-se a aceitar que a vida tem que acabar com a chibata estalando nas costas de um irmão ou que se acaba com o incêndio criminoso de aldeias e famílias dos nossos povos originários. Ela se recusa a acabar no sofrimento e retorna; às vezes com amor, às vezes com ódio e amargura, porque aqui todos os sentimentos são aceitos e transformados em caminhos. Ela se indigna com um fim que não seja próspero e retorna para construir novas pessoas, novas percepções, novas relações que busquem o fim da exploração, do abuso; e retorna para, quem sabe, construir um mundo, nem que seja um mundo pessoal, menos desigual, onde as histórias trágicas de nossos Ancestrais não mais se repitam. A macumba dos meus não trabalha com a ideia de culpa ou de pecado original; nossa origem é na festa, na alegria, no batuque, nas trocas e nas gargalhadas. A macumba dos meus não afasta nossos Ancestrais de nós, ela reconhece que só somos quem somos porque viemos de muitos outros, e esses muitos outros nos habitam, nos mostram caminhos, nos dão raízes e fortaleza para encarar um mundo que ainda pode ser muito violento. A macumba dos meus mostra os lados mais obscuros da nossa sociedade e de nós mesmos, até porque um não existe sem o outro; nós somos indivíduos e somos comunidade, somos tribo. E ela também não deixa de mostrar os lugares mais iluminados e potentes em nós e na vida que nos cerca. A macumba dos meus se manifesta na matéria e muda a vida de quem precisa.

MARIA NAVALHA DO CAIS

Me encontrei sem perceber na beira de um cais numa noite enevoada que trazia ares de mistério. O mar ora calmo, ora turbulento me confundia, ainda mais com a brisa que permanecia constante e acariciava meu rosto. No horizonte, apenas alguns barcos de pesqueiros acompanhavam o confuso ritmo das ondas, mas ninguém se fazia presente ali a não ser eu mesmo, que nem imaginava como havia parado naquele lugar. A brisa suave foi substituída por um vento gelado que atravessou meu corpo e fez meu coração bater como se estivesse apaixonado, mas sem a paixão. Era medo. Uma mulher de quase três metros se materializou ao meu lado, olhando fixamente no horizonte e contemplando a lua cheia tocar o oceano tal qual eu fazia antes de ser tomado pelo susto de sua presença. Usava um vestido vermelho e branco, e joias douradas. O pé descalço na madeira já úmida da noite destoava da elegância de sua roupa, mas parecia extremamente confortável, como se ali fosse sua casa há muitas e muitas décadas. Em uma mão, uma cigarrilha queimava, e, na outra, uma navalha semiaberta pronta para qualquer imprevisto, mesmo que parecesse uma mulher que não lidava com imprevistos. A sua altura passava a impressão de que via tudo do alto, alcançando uma visão mais longínqua do que qualquer homem um dia sonhara em alcançar; e assim se precavia dos perigos antes que eles chegassem.

Reparou no meu susto e deu uma alta gargalhada, como se achasse graça na cara de uma criança espantada – e de fato achava. Depois permaneceu em silêncio, esperando que meu coração voltasse a bater normalmente para podermos conversar. Porém, o susto ainda era grande; e só consegui me acalmar ao ouvir o som das marés, que de alguma forma mágica ela controlava, estourando nas pedras. Sem trocarmos uma só palavra eu já sabia seu nome: era Maria, Maria Navalha do Cais; e ela já sabia o meu há mais tempo que eu mesmo. Foi só quando essa sensação de familiaridade me tomou que deixei de sentir medo, e o único sentimento restante foi de admiração. De alguma forma, eu sabia que devia tudo o que tinha àquela mulher. Minha família, meus amigos, meu trabalho, meu dinheiro, tudo. Tudo foi ela quem me deu, e naquele momento me disse que daria ainda mais se eu aceitasse caminhar ao seu lado, assim como ela vinha caminhando comigo desde tempos imemoráveis.

Sabe aquele momento em que a vida nos coloca em uma encruzilhada e temos que escolher para onde vamos, mas na verdade nem parece que temos escolha, uma vez que o coração – não, não só o coração: o corpo todo – já tomou essa decisão, só faltando a mente teimosa aceitar o caminho que já está dado? Porém, já havia aprendido recentemente a ouvir as vozes que vibravam através de todas as minhas vísceras. Então, segurei em sua mão, que já não carregava mais a cigarrilha, e mergulhamos juntos nas águas do mar.

MARIA MULAMBO

É ela quem me cuida
É ela quem me protege
Maria Mulambo chegou
Ouviu aquela minha prece
Ela briga, ela vence
Não é axé que se dispense
Vestido roxo e preto
Saia rodada
Rodando tudo o que não preste

Me chamou de canto
Perguntou por que tanto pranto
Já sabendo que era desencanto
Qual não foi o meu espanto
Quando Mulambo não me deu acalanto
Não como eu queria
No entanto, as palavras severas
Movimentaram as minhas esperas

Meu filho, eu te garanto
O que é seu já está contigo
Mau-olhado e quebranto
Você deixa comigo
Agora levanta e vai trabalhar
Que filho de fé não pode descuidar

É ela quem me cuida
É ela quem me protege

Laroyê, Dona Maria Mulambo

MEU COMPADRE CAPA PRETA

Dormia tranquilamente em meu quarto recarregando as forças para mais um dia de trabalho, quando sem nenhum aviso despertei em um susto que poucas vezes tive em minha vida, e o sentimento apenas se acentuou com o fato de não conseguir me mexer, nem mesmo para gritar e assim, quem sabe, aliviar a minha aflição. Não era capaz de me mover, nem enxergar nada. Tudo estava escuro, e sentia uma presença densa ao meu redor, até respirar era difícil. Porém, em um breve sopro de tranquilidade que me transpassou, consegui parar de lutar contra a imobilidade e aceitei que talvez fosse naquele momento que morreria; e, ao aceitar meu terrível destino, meu espírito se desprendeu de meu corpo, e ouvi colado no meu ouvido uma voz grossa e rouca que até hoje só voltaria a ouvir mais uma vez:

Aí está você, meu garoto.

Imediatamente meu espírito voltou ao meu corpo deitado, mas não mais na cama de meu quarto. Estava deitado em um espaço que vou chamar de catacumba, embora até hoje não saiba exatamente onde eu estava. Porém, era sem dúvidas um ambiente de cemitério, tudo ali cheirava a calunga. Era um espaço mínimo para meu corpo, que embora já pudesse se mexer, pouco espaço encontrava para tal, e obviamente o desespero voltou a tomar conta de mim. Automaticamente materializei com meu pensamento um crucifixo e comecei a rezar repetidamente as únicas orações que conhecia: Pai-Nosso e Ave-Maria.

Voltei a ouvir aquela voz, mas não mais no meu ouvido, como havia sido a primeira vez; agora ouvia em minha cabeça. Ela ria e dizia que ali aquelas orações não serviriam de nada, estávamos em um reino onde eram outras forças que regiam as magias que ali habitavam. Meu pouco repertório espiritual de nada adiantava, aumentando cada vez mais o desespero. Foi quando novamente a voz rouca em minha cabeça disse algo que nunca mais esqueci e sempre que posso passo adiante:

Onde estão os seus maiores medos moram as suas maiores riquezas.

Foi quando entendi que nem ali, nem em nenhum lugar do mundo, nenhuma luz externa ou crística iria me salvar de mim mesmo. O único caminho para aliviar meus medos era para dentro, olhando para aquilo que achava de mais feio e vergonhoso em mim; e sabia que tinha encontrado, aliás, reencontrado o melhor guia possível para me acompanhar nessa caminhada: o meu Compadre, Exu Capa Preta.

PANTERA NEGRA

Ngunzo ê
Ngunzo ê
Pantera Negra veio proteger
Veio do mato
Veio da calunga
Veio como bicho
Pra me defender

Ngunzo ê
Ngunzo ê
Pantera Negra veio atacar
Quebrar demanda
Para ver o dia clarear

Ngunzo ê
Ngunzo ê
Angola-lá
No chão deste Terreiro
Pisa Exu kimbandeiro
Pantera Negra veio pra ficar

Laroyê, Pantera Negra

TERÇO

Está no terço do meu avô
Na mandinga do apaixonado
Está na encruzilhada deserta
Está na missa que se espera

Está no rezo antes de dormir
(Que dormir sem a bença, não dá, não)
Está na súplica do adoecido
Abatido com razão

Está na aventura da andarilha
E no eremita que segue sua trilha
Você sabe do que falo, não se faça de rogado
Fé está em todo e qualquer lado

Se não em mim, no torcedor aflito
Esperando para soltar o seu melhor grito
Ou então na minha saudosa avó
Que gastava seu terço sem dó

Às vezes ando com medo
Às vezes despreocupado
Se a tristeza um
[dia me apanha
Sai da frente que minha
[fé move montanha

LOURDINHA

Minha vó me ensinou a bondade
Acima de qualquer verdade
Que a saudade é companheira
Que humildade não é bobeira

Me ensinou que há força na doçura
Que uma vida dura, pode ser pura
Que a educação e a gentileza
São a melhor forma de beleza

O terço que ela carrega com fé
Me acompanha por onde eu estiver
Me protege e dá segurança
Assim sigo firme na minha andança

Deixou um legado de muita luz
Cumpriu a missão dada por Jesus
E hoje andam de braço dado
Nos ajudando a carregar a nossa cruz

RAÍZES

As mulheres da minha família
São sobreviventes
Valentes entre tantos doentes
Guerreiras
Amigas e verdadeiras
Uma grande fortaleza
Não se rendem a qualquer fraqueza
O sofrimento existe e é real
Mas quem tem raiz forte e profunda
Segue em frente e vai à luta
Se me tornar metade das mulheres que são
Me considero realizado,
Um verdadeiro Almeida Prado

ALMEIDA PRADO

A VIDA QUE A NOITE ME SONHA

Eu sou aquele que guarda o brilho das estrelas
Aquele que no olhar tem infinitas belezas
Eu sou aquele que tem no peito o mundo inteiro
Que caminha de lá para cá, toda casa é meu lugar
Me entrego para a vida sabendo que ela é uma só

Eu sou aquele que não quer disfarçar medo nem vergonha
Me abro para a vida que a noite me sonha
Eu sou aquele que vive das folhas e das flores
Aquele que não tem medo de morrer de amores

Eu sou aquele que sabe que viver é presença
E que ausência também faz parte da existência

ANCESTRAL

É você que se esgueira em meus sonhos?
Nem risonhos, nem medonhos
Fumaça esparsa que se disfarça
Ainda que como uma farsa
A presença ainda que pretensa, é intensa

Murmura palavras e sentidos
Sentimentos às vezes já vividos
Outros ainda não sabidos
Me confundem e iluminam
Em direção a caminhos já escolhidos

É um sussurro Ancestral
Me grita o que não é banal
De difícil compreensão
Mas teu esforço não é em vão

O chão que já pisou um dos meus
Faz parte também da minha memória
História que não se repete
Se renova

SEU UBIRATÃ

Acordei cedo, mais cedo que todos que estavam na casa comigo. Era uma casa no interior, grande, com muito espaço aberto, um gramado que fazia inveja para qualquer criança ou cachorro. Tinha até um lago com alguns peixes que sobreviviam ao descuido de sua manutenção, mas fora isso era um espaço muito agradável que propiciava um contato com a natureza; não como se estivéssemos imersos em uma mata, mas o suficiente para acalmar a mente, ainda mais de pessoas que vieram de São Paulo, como eu.

O silêncio da casa, ainda toda dormindo, facilitava ainda mais o isolamento que buscava naquela manhã. Sentei-me em uma pedra ainda úmida do sereno, mas não me incomodei. Assumi uma postura de quem vai meditar, acendi um cachimbo que sempre trago comigo para essas ocasiões, vesti na orelha um ramo de alecrim que havia recolhido da horta da casa e comecei a cantarolar mentalmente pontos de caboclos sem perceber; logo imaginei que você queria falar comigo. Demorei um pouco até começar a sentir o seu axé. Nossa comunicação nunca foi muito fácil, mas sempre que conseguíamos nos entender seus sentimentos explodiam em mim, como foi daquela vez em que você me invadiu quando estava em casa e sem mais nem menos anunciou que iria me passar o sentimento que você tinha pela Terra. Foi uma das coisas mais lindas que já senti na minha breve caminhada espiritual. Sempre vou ser grato por você me fazer entender no coração e não na cabeça o sentimento de amor pela Terra.

Acho que entendi o significado de Pachamama naquele dia, mesmo você sendo de terras tupiniquins e provavelmente chamar de outro nome. Naquele dia senti um amor que só tinha experimentado na minha relação com a minha mãe; é algo grandioso que transcende a compreensão da maioria dos homens ocidentais. Não sabemos o que é ter esse sentimento pela natureza, pelos seus ciclos e por tudo o que envolve o seu universo tão rico – uma pena para todos nós.

Mas naquele dia você queria me passar um outro sentimento, uma outra vivência sua enquanto estava aqui. Uma vivência que me abriu os olhos para a real experiência de ter vivido nessas terras durante a invasão branca e como esse sentimento, assim como o de amor, podem permanecer mesmo depois que fazemos nossa passagem para o Orum. Com a ajuda de um outro amigo espiritual que de certa forma traduzia o que você queria me dizer, ouvi essa voz na minha cabeça: *Agora ele vai te mostrar o que aconteceu com ele e com a sua família*. Imediatamente veio à minha mente a imagem de uma aldeia inteira pegando fogo. Você havia chegado no cenário quando as ocas já estavam incendiadas e os corpos sem vida no chão. Senti o seu ódio, o seu desespero e a sua dor na minha alma; e não consegui parar de chorar copiosamente por pelo menos dez minutos. Como alguém poderia fazer isso com outras pessoas, com outros povos, com famílias inteiras? Vi você perder tudo de mais importante que tinha na sua vida. Não sei nem se é possível traduzir em palavras tudo aquilo que senti. Não sei também se foi naquele episódio que você se encantou, mas sei que o que você sentiu te acompanha até hoje, e isso não faz de você menos iluminado como algumas doutrinas podem achar. Abri este livro dizendo que a macumba dos meus aceita todos os sentimentos e transforma-os em caminhos, e foi exatamente isso que você me ensinou naquele dia.

Sua dor foi transformada em indignação e sua indignação foi transformada em ação. Você fez questão de continuar a sua luta pela Terra mesmo já não estando mais aqui. Essa foi a maior prova de amor que já vi de alguém, e espero que você saiba que ganhou mais um companheiro nessa luta naquele dia.

Okê, Caboclo

Me emaranhei em mata escura
Okê, Caboclo! Veio me resgatar
Senti a mata úmida em meus pés
Okê, Caboclo! Veio me abençoar
Avistei um riacho ao lado
Okê, Caboclo! Deixe-me banhar

Me lavei nas águas correntes da mata
Onde mamãe Oxum também estava

Me sentei num toco de madeira
Okê, Caboclo! Veio me guiar
Perguntou o que chateia
Caboclo, vamos conversar

É o choro da alma brasileira
Que não quer se calar
É o medo da ceifadeira
Que a morte insiste em me mostrar
É o último fogo da fogueira
Que ameaça se apagar

Muita calma, meu garoto
Agora tu anda com teu Caboclo
Tua lágrima também cai do meu olho
Teu medo eu espanto com meu maracá
E ao meu lado teu fogo nunca se apagará

Okê, Arô! Minha alma serenou.

RIOS

Nos rios que naveguei
Remei
Nem sempre certo
Mas de coração aberto
Incerto do ritmo
Um tanto quanto rígido
Me cansei
Cada remada errada
Um peso a mais na minha alma

Foi quando um sábio índio me disse:
Que burrice.
Para que bater na água com tamanha braveza?
Ouvi o que ele falou
Ouvi também a correnteza
E assim ela me ensinou

Remar ouvindo as águas da vida
É garantia de uma viagem mais fluida

CURUMIM

Quando eu era ainda muito menino
Construía castelos à beira-mar
Água salgada para firmar a areia
E o sol que encandeia para enxaguar

Quando eu era ainda muito menino
Já brincava com meu destino
Das águas de Mamãe eu vim
E para as terras de Vovó vou retornar
Durante esse longo caminho
Deixo o sol em mim brilhar

LUQUINHAS E PEDRINHO

Na hora da gira come doce e toma guaraná
Venham crianças, vamos todos, Saravá

Na hora da ciranda
Danço eu e minha criança
Tem bola de gude e futebol de botão
Acompanhado de São Cosme e Damião
Doum, não me esqueço de você
Carrego em ti a pureza de erê

Criança que não cresce não pensa no amanhã
Vive agora e vive de presente
Entrega para nós uma sabedoria inocente
No trabalho, se fico tenso, não me desespero
É com a leveza dos erês que me assossego

A ciranda gira e o mundo também
Omi Ibeji. Bejé eró!

FOGUETINHO

Foguetinho, foguetinho
Filho do Diabo com Satanás
Chega de mansinho
Só ele sabe do que é capaz

Xinga, dá risada, me provoca
Amigo fiel de Ferrabrás
Arrota e faz fofoca

Puxa meu pé de madrugada
E cai na gargalhada
Mas se feitiço lançarem sobre mim
Foguetinho é Exu Mirim

Desfaz feitiçaria braba
Como se fosse brincadeira
Seu trabalho nunca acaba
Foguetinho não fica de bobeira

É Mirim que bebe rum com Coca
Com um cigarro na boca ele arrota
Arrota tudo que há de ruim
Exu Mirim também cuida de mim

POEIRAS ASTRAIS

Deuses não estão em moedas
Motivo de todas as nossas quedas
Luzes se apresentam agora
Anunciando uma nova aurora

Pela busca de novas utopias
Invoco as bruxas e suas feitiçarias
Irão construir novos horizontes
Neles não há muros, apenas pontes

Poderemos todos nos libertar de vez
Ver que há um tanto de mim em vocês
E há um tanto de todos no meu ser

Gritaremos nosso mais alto grito
Ultrapassando as fronteiras do infinito
Nossas vozes irão ecoar pelos planetas
Sombras se desenharão em silhuetas
Dando forma e cara às estrelas

Hoje somos animais
Amanhã, poeiras astrais

O POVO CIGANO

Já fazia anos que não encontrava essa minha amiga, e revê-la, mesmo que por acidente, foi muito lindo. Não apenas pelo reencontro de duas pessoas que se gostam, mas porque dessa vez notei algo de diferente nela. Aliás, ela provavelmente não tinha mudado tanto quanto eu imaginava. Meus olhos que mudaram a forma de perceber o mundo, e ali a percebi diferente. Parecia que encontrava novas camadas dela que antes para mim eram desconhecidas. Conversando com ela pude notar que não conversava só com ela, conversava com um clã inteiro de ciganos, e que alegria é poder conversar com eles! Nunca me senti tão atraído por alguém — não no sentido sexual e superficial da palavra, mas era um magnetismo que fazia com que eu estendesse sempre um pouco mais nossa conversa; mesmo já passando da minha hora e sabendo que chegaria atrasado para meu próximo compromisso, eu não ligava, não dava a mínima. Deixei a roda de Santa Sara Kali rodar do jeito que tinha que rodar e, de novo, que alegria foi poder dançar em volta da fogueira com ela e com todo aquele povo, que alegria foi participar de jogos e brincadeiras tão cativantes. O tempo passava diferente ali; bebíamos, mas nos embriagávamos mesmo era de felicidade, e até mesmo ao falar de coisas sérias como o nosso destino, que se desenhava nas cartas jogadas aos chãos; e nas linhas lidas de minhas mãos a leveza imperava. Não havia percalço no caminho dela que não pudesse ser superado na companhia daquela família tão grande que viajava de um lugar para o outro em suas carroças, sempre buscando o próximo lugar onde seriam felizes. Com o movimento daquele povo era impossível e, mais que isso, era proibido que as águas se acumulassem, apodrecendo o que pode ser apodrecido em nós. Ali a pobreza pela mesma lógica era proibida e nem poderia existir, seria um contrassenso. O dinheiro que eles ganhavam era proporcional à alegria e ao magnetismo que eles ofereciam ao mundo; e o acúmulo ali também não era permitido. A roda de Santa Sara não podia parar nunca, a troca era a lei a ser obedecida.

Não me espanta nem um pouco que essa minha amiga viva viajando pelo mundo, conhecendo novos lugares e trocando novos saberes. Sei que o dia em que ela parar de fazer isso vai ser o dia que ela irá adoecer. O movimento é sua maior medicina e também sua maior alegria. Que privilégio! Optchá, todo o povo cigano!

HORTELÃ

Já reparou no Sol indo e vindo
Na Lua lá de longe sorrindo
As nuvens desenhando devagar
As plantas lentamente a florear

Cada uma das mãos, mil linhas
Cada qual infinitas adivinhas
Mas se não forem vividas
Pouco serve serem lidas

Das lições por hora tiradas
Uma realmente me agrada
Fazer um chá de hortelã
(Acalmar a mente)
E não pensar no amanhã

OS MEUS

Minha morada está para além do véu
Aqui embaixo sei que vivo de aluguel
Casa temporária, passo só uma estadia
Vou vivendo, mesmo com medo e covardia

Por aqui não está nada fácil
Um dia estou fortalecido
No outro me sinto frágil

Às vezes me sinto solitário
Mas ao avistar a estrela mais alta
Um sentimento se sobressalta

Um calor no peito antes frio
Se expande preenchendo o vazio

Aqui tenho amigos que me amparam
Às vezes estamos longe
Mas irmãos do coração nunca se separam

Sei que tenho quem ande comigo
E é por isso que eu sigo

MARIA DAS ROSAS

Na ausência do dia
O Sol prateado me guia
Ao encontro de Maria
De volta para sua Bahia
É das Rosas seu nome e seu coração
No meio dos espinhos se criou então
Cangaceira quando o mundo pede
Cigana sempre que lhe apetece
Rosa vermelho, cor do seu batom
Amar para ela é fácil, seu maior dom

Quando me ensinou a buscar a sorte
Festejou e deu risada
Ao cortar o azar com um só corte
Aí que veio a gargalhada

Maria das Rosas é do mundo
E não se engana
Carrega seu ouro, não por gana
Maria das Rosas é majestade
Que se criou sofrida no meio da cidade
Maria das Rosas é majestosa
Pra fazer rima com a flor mais cheirosa

UM RIO QUE PASSOU EM MINHA VIDA

Cavalo e cavaleiro cavalgam pelos campos
Atravessam rios inteiros, seguindo pirilampos
Acendem como santos, guiando aos recantos
Esconderijos aos quais a alma se dirige
Que coração exige quando se aflige

Cavalo e cavaleiro enlaçam as mágoas
Águas paradas ou atormentadas
Os reflexos delas mostram como no espelho
Quem eu sou, e num só golpe me ajoelho

As águas dela em que me banhei eram adocicadas
Temperando as minhas marés salgadas
Levei dela belas flores, das mais douradas
E ela nem me percebeu; de mim, não ficou nada

SEU ZÉ DA LAPA

Vi de longe um homem descendo a ladeira do morro. Vestia uma camisa vermelha, uma calça branca alinhada com seu sapato também branco muito bem lustrado, um chapéu panamá, e com os dedos segurava com estilo invejável um cigarro já pela metade. Vinha na minha direção, eu que estava sentado em uma mesa na beira da calçada de ladrilho, uma mesa de bar daquelas de ferro já meio enferrujadas de tanto uso e de tantas histórias dos que se sentaram ali para tomar uma cerveja enquanto se esquecem dos problemas, que era exatamente o que eu estava fazendo. Depois de um dia de trabalho, saí para conhecer um pouco da noite carioca à espera de que algo inesperado pudesse acontecer. O homem foi se aproximando e, quanto mais perto chegava, mais seu sorriso se abria; era um homem de estatura média, pardo e com um bigode fino muito bem desenhado; ele esbanjava vaidade e carisma. Chegou perto de mim, que fui logo contagiado pela sua energia. Não disse nada, e com um gingado que vinha exibindo desde lá de cima do morro começou a sambar em minha volta, e, como que por um encantamento, levantei-me para acompanhá-lo mesmo sem saber o que fazer com os pés — se era algo inesperado que eu queria, foi algo inesperado que eu consegui. Sem pensar no que estava fazendo, estava acompanhando aquele homem nos passos mais difíceis de samba; e as trocas de sorrisos nos conectaram de forma instantânea, fazendo-me ter muita vontade de conhecer mais aquela pessoa que, adivinhando meu pensamento, convidou-me para sentar à mesa em que já havia uma cerveja aberta e dois copos dispostos a nos servir a noite inteira. Foi então que perguntei:

— Qual é o seu nome?

— *Meu nome é Zé, sou cria da Lapa. Então, pode me chamar de Zé da Lapa. Deixa eu te contar uma história, seu moço. Nasci por essa região, me criei aqui, fiz amigos e fiz amores, sambei com quem não conhecia e me deitei com outros tantos. Minha vida eu vivo do jeito que eu quero e ninguém tem nada com isso. Só eu mesmo. Hahahaha! A minha risada eu dou para debochar de quem não acredita em mim. Tenho histórias para contar que não cabem em uma noite só, mas hoje vou te contar uma que eu vivi de perto.*

"Seu moço, a boêmia sempre foi o meu lugar e a rua a minha casa; nela eu conheço gente do mesmo jeito que esqueço no dia seguinte. Hahahahaha! Já conheci um apanhado de mulher nessa vida, mas vou te contar que nunca deu certo com nenhuma. A rejeição me acompanhava, assim como esse copo de cerveja vai nos acompanhar noite a dentro. Hahahahaha! Ficava puto! Como eu, um preto bonito desse, com lábia, não conseguia arrumar sequer um rabo de saia? Não fazia sentido, e meus compadres não cansavam de tirar sarro: 'Ó lá, o neguin, chegou pra chupar dedo, porque é a única coisa que vai chupar hoje'. Hahahaha! Eu ria junto, mas por dentro queria matar aqueles vagabundos. No fundo eu sabia o que acontecia e sabia porque nunca me deitava com mulher nenhuma, mas virava o olho e fingia que não era comigo.

"Numa noite dessas, saindo de um bar, e indo para outro, me peguei no fogo cruzado de uma meia dúzia de vagabundos; brigavam por sei lá o quê. Seu moço, na minha época a briga era sempre na mão ou faca, mas esse dia tinha um covarde com uma arma de fogo que saiu disparando para espantar os inimigos. Porém, o idiota, além de covarde, não sabia mexer com aquelas coisas e acabou atirando em mim, que não tinha nada a ver com a história.

"Seu moço, vou te falar, o tiro pegou em meu peito, pertinho, pertinho do coração. Tinha certeza de que ia morrer de uma bala que nem para mim era. Não comia ninguém e ainda ia morrer de besteira. Hahahaha! Mas Deus sempre andou comigo e aquela não foi a minha hora, porém o susto me fez olhar para aquilo que tanto fugia de mim mesmo.

"Seu moço, eu gosto mesmo é de rola! Hahahahahahaha! Mas tinha tanta vergonha na época que nem me permitia sentir essas coisas. É claro que todas as mulheres me rejeitavam, como iam se deitar com um homem que rejeitava a si mesmo? Porém, vou te falar, a vida às vezes passa como um tiro de revólver; quando você menos vê você já tá estirado no chão, desejando ter vivido coisas que não viveu.

"Depois daquilo mandei todo aquele medo e vergonha que tinha comigo mesmo pra casa do caralho e decidi viver de jeito que não fosse me arrepender nunca mais. Nego, hoje eu como todo mundo, tô ainda mais bonito, mais formoso e muito mais feliz. Então, se eu posso falar alguma coisa para você, seu moço: viva do jeito que você tem que viver e manda todo mundo que não gostar tomar no cu. Hahahahaha!"

BUSCA

Procuro nos ares e nos mares
Em bares e nos lares
Procuro em igrejas e em Terreiros
Em cheiros e temperos

Procuro em pontos e em hinos
Vivo para me encontrar com o divino
Nos outros é uma procura sem fim
Quando olho para dentro percebo
Que Deus é o divino em mim

XETRUÁ

Sou eu que trago no laço
Se não tiver, vai no braço
Amontado no meu cavalo
Sigo forte num embalo
Sou boiadeiro mensageiro
Sou cavaleiro de sentimento
Rápido como um vento
Laço na força o seu desejo
Sou sertanejo, sou cigano
Na minha casa não fico mais que um ano

OS GIRASSÓIS FALAM

Essa é uma história de um jardineiro, mas não um jardineiro como qualquer outro. O trabalho dele se fazia nas ruas, nos encontros, na sua sala de trabalho. Não é fácil ser jardineiro na cidade, é preciso aprender a cultivar outras coisas. No caso, ele cultivava almas. Conversando, ele manipulava as águas da pessoa com quem se sentava, entrava em contato com a terra, as origens e as histórias que movimentavam os moinhos de suas vidas, entregava-se ao fogo que ali ardia e observava com encanto a transformação que acontecia. Era uma alquimia, uma arte perdida em muitos lugares, mas ele insistia em fazer sua arte mesmo no meio do concreto. Era uma pessoa satisfeita com seu trabalho; acordava todo dia para isso, mas a rotina cansa o homem, pode transformar o que há de mais vivo em algo sem alma, que contradição. Foi então que percebeu que cultivar sua própria alma era pré-requisito para continuar seu trabalho, e assim o fez, ou pelo menos tentou. Mas percebeu que era mais fácil o florescer no jardim do vizinho do que no seu próprio. Era como se fosse chamado para uma festa, mas não podia dançar. Via apenas de longe os corpos dançando, se encontrando, trocando olhares e risadas. Ele gostava de ver, mas não conseguia descer para a pista; algo o segurava, impedia-o de sentir os próprios ventos, de se molhar nas próprias águas, de se aquecer nos próprios desejos. Era mais fácil reconhecer o desejo dos outros.

Foi voltando para casa um dia que viu de longe crianças brincando na rua; parou para ver. Ali florescia o campo mais rico em alma, mesmo no chão de cimento. A bola que jogavam caiu em seus pés, e estava quase se agachando para pegá-la quando desistiu, mas lembrou que já soube jogar com os pés um dia. Levantou a bola com uma manobra e chutou-a de volta para os meninos. Nesse momento, sentiu-se menino também. Uma pequena flor brotou em seu peito, uma flor grande e amarela, como um girassol. Não deixou nunca mais que essa flor morresse; sabia que era ela que indicaria o caminho para que outras surgissem.

NOVELAS

Tenho tanto em mim
Coragem, força, medo
Dentro do peito: um enredo
Segredos que guardo
Para tantos um fardo
O que deveria ser alado
Está aprisionado

Procedo e retrocedo
Com cautela
Vislumbro das janelas
Futuros impossíveis
Terríveis novelas

Um núcleo se destaca
Aplaca qualquer ressaca
Da embriaguez do querer
Um par que faz esquecer
As dores do viver

Em celas abençoadas
Cuidadas por velas
Que iluminam minhas vielas
Trazendo luzes aos recantos
Belos são os encontros
Regados de vinho tinto
Me deixam não só tonto
Mas pronto
Para novos encantos

SOMBRAS E BURACOS

Que imagem é essa
Que sempre regressa
Diante do espelho
Ver meu rosto sumir
Ver tudo sucumbir
Perder o corpo
A mente sã se esvair
O espírito protegido
Agora caído
Orando em vão
São tantos os santos
Onde vocês estão?!
E se eu enlouquecesse?!
Meu Deus! Que buraco é esse?!
Um vazio, um hiato
Um medo que não desato
Deitado na minha cama
Uma lágrima se derrama
E trama nesta página branca
Uma escrita tão manca
Quanto franca
Para ver se me arranca
Dessa maldita preguiça
Dessa areia movediça
Que me arrepia os pelos
E me isola em devaneios

OITO DE COPAS

Naveguei sobre teu corpo branco macio
Um rio assim tão frio e violento;
Voei sobre teu espírito vil
Um vendaval de ventos tão turbulentos;
Mergulhei na tua alma invernal
Encontrei tão pouco de valor real

Fiquei tempo demais
Em encantos irreais

Tirei de sua cabeça a coroa de flores
Dei por encerrado os seus louvores
Seu reinado sobre mim finalmente teve fim
Cultivo agora meu próprio jardim

NÓS

Conheço meu contorno e meus ares
Casco forte, leme alinhado e a vela içada
Uma viagem solitária não é a mais cobiçada
Mas dos males que carrego são feitos meus mares

Na minha identidade encontro meus pares
Na identidade dos outros, diferentes lugares
Encontrar na vida dos outros algum sentido
E viver algo que de outra forma não seria vivido

É muito bom se encontrar em si
Se recolher em seu casco, como um jabuti
Olhar para dentro é difícil e uma grande aventura
Mas se encontrar no outro é empatia pura

Quando navego só, os oceanos são turbulentos
E ao encontrar o mar de outros eu entendo
Não é preciso percorrer tudo desacompanhado
Nem tudo o que imaginei era um fardo

A ESTRELA

Se a angústia me aperta o coração
A mão apertada se une em oração
O lábio sussurra em segredo
E enquanto o olho se fecha, procedo

Peço que o medo não me encolha
Que o amor seja sempre minha escolha
Que os afetos que cultivo
Sejam meus motivos para estar vivo

Tenho essa mania de insistir na esperança
Que se for de outro jeito, a vida não avança

CAMINHOS

Descobri nas andanças da vida uma encruzilhada
Não importa por onde for, estarei na minha morada
Nela cabe cigarro, cachaça e muita risada
Com fé e amor, não há de haver estrada fechada

Laroyê!

Descobri nas errâncias da vida a estrada
Por onde eu for, levarei comigo minha espada
Com ela corto todo o mal que se propaga
Monto meu cavalo e sigo minha saga

Ogunhê!

Descobri depois da estrada uma casa de palha
Cai chuva e vendaval e ela nem chacoalha
Entrei e ofereci ao senhor um saco de pipoca
Ele me abençoou e segui sem nenhuma outra troca

Atotô!

Descobri depois da casa de palha uma cachoeira
E compondo o cenário uma enorme pedreira
Lá reinava um casal, ele carregava a justiça
Ela brilhava em ouro num movimento que enfeitiça

Kaô Kabecile! Ora iê iê ô!

Continuo na minha jornada sem fim
Conhecendo lugares e pessoas
Que habitam não só fora
Mas dentro de mim

Axé!

520 ANOS

Afrodescendente de berço
Estranho ele rezar o terço
Tiraram dele o candomblé
Então ele ora por Jesus, Maria e José
Pense bem nisso, meu querido
Quanto tempo se passou
E o preto continua preterido
Na maioria de pele escura
Ele é minoria entre a brancura
Antes chamado de escravo
Olha que avanço
Ele rala enquanto eu descanso...

PAI FELIPE E VÓ CAMBINDA

Essa é uma história que me foi contada ao longo de três dias. No primeiro eu não sabia muito bem o que iria acontecer. Só sei que acordei com "O Canto dos Escravos" na cabeça, um álbum primoroso de autoria de Clementina de Jesus, Geraldo Filme e Tia Doca, e senti que Pai Felipe de Aruanda, o Preto-velho que me acompanha, queria me passar alguma coisa. Então preparei seu café, acendi uma vela, empunhei o terço que ele gosta de trabalhar e vesti sua guia de contas branca e preta. Antes de começar você já me deu a entender que o que me passaria não era uma coisa boa, e fiquei preocupado pensando que dizia respeito aos meus caminhos, mas assim que acendi seu cigarro de palha a imagem de uma ladeira íngreme de paralelepípedos me remeteu a sua história, não a minha. Já sabia que você tinha vivido em Minas Gerais na época da nossa corrida pelo ouro, mas agora você queria se aprofundar na sua história. Depois de visualizar essa ladeira, a imagem seguinte foi a da praça Tiradentes em Ouro Preto, e ali comecei a sentir uma mínima fração do que você sentiu quando foi chicoteado até a morte. Assim como na história do Seu Ubiratã, chorei por um amigo que já conheço há quase dois anos e, sempre que me visita para passar um recado, ou quando trabalhamos juntos no Terreiro, só me passa coisas boas, um amor diferente de todos que já tinha experimentado, um acolhimento de vô que não tive a oportunidade de sentir, já que meus dois avôs faleceram muito antes de eu existir em terra ou de ter uma memória deles. Hoje sei que eles me acompanham e me cuidam, mas é você quem me proporciona esse sentimento. Muito obrigado por isso! Antes de encerrar esse nosso encontro que se passou pela manhã, você me benzeu e disse que me esperava no dia seguinte para continuar a história.

Acordei ansioso pelo nosso encontro, nem dormi tão bem pensando nisso, o que dificultou um pouco nossa conexão no começo, mas segui o mesmo ritual do dia anterior e acabamos conseguindo nos encontrar; e, mais que isso, agora tinha mais uma personagem na história, Vó Cambinda, a Preta-velha que anda comigo e representa o feminino dessa díade que vim entender que era mais profunda que imaginava. Esse encontro foi mais breve, e você fez questão de que eu entendesse que a história que estava me contando não era sobre dor, embora ela existisse, mas sim uma história de amor. Vocês foram um casal enquanto estavam no Ayê! Achei incrível isso, mais uma história de amor que transcendia a matéria, agora entre duas pessoas. Vó Cambinda não falou nada esse dia, mas já sabia que sua participação nessa narrativa seria fundamental, e foi. Apesar de ter sido um encontro mais rápido, soube que você trabalhou na construção de uma das várias igrejas daquela região, e logo entendi seu apreço pelo catolicismo. A primeira vez que viajei para as cidades históricas de Minas foi com a escola, e me lembro do espanto da minha mãe quando liguei para ela do orelhão de uma praça para contar que havia achado incrível a Igreja Matriz de Santo Antônio, em Tiradentes. Imagine você, leitor, um adolescente em seus quatorze anos que, sempre que questionado pelos pais sobre como havia sido a viagem, respondia "Ah, foi legal", agora estar contando em detalhes a quantidade de ouro que reluzia das paredes, as curvas rococós que envolviam os diversos pilares da construção, a altura que ia o teto e os candelabros. Tenho certeza de que foi ali que comecei a encontrar beleza nos templos cristãos, e agora me enche de alegria a possibilidade de ter passado por um lugar que você ajudou a construir.

Continuamos no dia seguinte também pela manhã. Preparei o café de vocês, acendi a vela, peguei o terço para me concentrar, mas logo senti a necessidade de fazer um pouco diferente. Fui intuído a acender um incenso de arruda e deixar o terço de lado. Acendi o cigarro de palha que vocês gostam, e a imagem que me veio à cabeça foi a de uma esteira de bambu estendida em chão batido cercado de diversas folhas espalhadas por toda a extensão do quarto construído de taipa. Diferentemente de Pai Felipe, você veio do candomblé, feita em Ossain, o orixá regente das folhas e das medicinas sagradas que elas guardam; e seguindo a intuição que me passava larguei o terço e fui pegar as poucas ervas que tinha para o preparo de meus banhos. Fiz uma mistura de algumas, sentei-me onde estava antes, amassei as ervas na minha mão e derramei-as sobre a minha cabeça, sujando o chão que logo pensei que precisaria limpar depois – e com esse pensamento você me corrigiu. *Não, é o contrário, as folhas estão é limpando suncê e essa casa, deixe elas aí por um tempo, depois suncê recolhe.* Pronto, estávamos conectados, e assim você começou a mostrar sua história. Uma preta muito linda, nem muito alta, nem muito baixa, uma mulher esguia. Conseguia entender por que Pai Felipe se encantou por você; ele que também era um preto muito bonito, forte, de traços africanos bem definidos. Você começa sua história contando que trabalhava como escrava afastada da cidade em uma das minas que extraíam algum dos metais cobiçados na época, e depois foi liberta. Não sei qual é a história por trás desse episódio. Espero que me conte um dia. Depois de liberta se mudou para a cidade, onde nas andanças da vida, como você disse, encontrou Pai Felipe e logo se encantaram um pelo outro. Na história de vocês não houve complicações sentimentais. Era muito fácil e honesto o que sentiam um pelo outro. Pai Felipe queria se casar com você na igreja, e você, mesmo sendo de outra tradição, aceitaria. Eu não sei se chegaram a consumar a união de vocês, mas imagino que era uma situação complicada, dado o motivo óbvio da escravidão e você sendo uma mulher liberta, e ele não. Gostei de saber que vocês aprendiam um sobre a tradição do outro sem preconceitos, e com muita curiosidade. Acho que o amor, quando é verdadeiro, rompe qualquer tipo de discordância e transforma-a em integração. Sei que nem sempre isso é fácil, mas para vocês parece que foi. A imagem que me foi passada de vocês juntos se amando, trocando carícias, conversando e rindo sobre tudo às escondidas em um sítio afastado da cidade me preencheu o coração e aqueceu minha alma, fazendo esquecer o que aconteceu depois. Vocês engravidaram e, decididos a criar essa criança longe do sistema escravista, planejaram se aquilombar em um dos quilombos que existiam na região. Para você, essa mudança não era um problema, já havia conseguido a sua liberdade, mas para Pai Felipe lhe custou a vida. Na tentativa de fuga foi apanhado e sentenciado com chibatadas em praça pública. Você viu tudo, e não consigo imaginar como deve ter sido ver o homem de sua vida, o pai de seu filho, sofrer aquelas punições. O objetivo não era matar, Pai Felipe ainda era novo e forte, poderia continuar trabalhando, essa era a lógica sob a ótica escravista, mas o capataz perdeu a mão, e o destino dele em terra havia se encerrado. Uma outra jornada o esperava agora, e você decidiu seguir o plano, mesmo que sozinha; não fazia sentido criar seu filho naquele lugar. Então, logo tomou providências para se aquilombar o quanto antes. Você conseguiu, achou o lugar onde seguiu o restante da sua vida. Criou seu filho junto com muitos outros pretos e pretas e, apesar de nunca ter conhecido a África, sentiu que aquilo deveria ser muito parecido com o que imaginava ser a terra dos seus Ancestrais. Foi lá que você se fez em Ossain e passou a cumprir a função de curandeira do quilombo. Foi muito respeitada por todos e chegou à idade avançada, mas sem nunca mais ter amado alguém como amou Pai Felipe, que te esperou do outro lado do rio para enfim ficarem juntos. Hoje vocês vivem em Aruanda e me acompanham e cuidam de cada passo que eu dou; e, ao escrever essas palavras, a emoção toma conta de mim, e fica impossível segurar as lágrimas que representam a gratidão e admiração pela história que vocês constroem juntos até hoje. No último ano a palavra que Pai Felipe mais me dizia era paciência, e eu impacientemente ficava irritado, mas hoje eu entendo que algumas coisas têm o seu próprio tempo – e o melhor que podemos fazer é aprender a navegar pelos tempos que não são só nossos.

Você acabou de contar a sua parte da história e perguntei se amanhã continuaríamos. Você gentilmente disse que sempre que eu quiser posso acender uma vela e conversar com vocês, mas que por enquanto a história que precisava ser contada foi passada, e me pediu para contá-la da forma que achasse mais apropriada. A confiança que depositaram em mim mais uma vez fez encher meus olhos de lágrimas.

TE ESPERO

Imagina ouvir outra vez
O som do atabaque
Imagina ouvir outra vez
O tom do teu sotaque
Imagina sentir outra vez
O teu abraço apertado
Imagina sentir outra vez
O teu beijo molhado

Todo dia eu imagino
O aconchego do teu afago
Todo dia eu termino
Esperando ser amado

DOIS DE COPAS

É filha d'Oxum e também de Xangô
É de alma brasileira, de cara me encantou
Chamou meu nome e nem percebeu
Bobo de gagueira, eu já era todo seu

Foi ao som do solo do saxofonista
Que apanhei no ar frio a sua pista
Para assim não te perder mais de vista

Seu Zé um dia me falou do futuro
Acreditei desacreditando
Que um dia ficaríamos juntos

Apelei aos orixás e a todos os santos
Acendi velas em cada um dos quatro cantos

Veio Preto-velho, ensinou a paciência
Maria Padilha, o valor de uma amizade
É na cadência de um bom samba
Que se constrói amor de verdade

Se hoje arrisco um poema bobo nesta folha
É porque lembro que me disse
Que felicidade é questão de escolha

FIRMEZA

Noite serena
E a lua para clarear
No ar um cheiro
Salgado como mar
Detrás de mim um abacateiro
Na minha frente, teu olhar
Foi no chão do Terreiro
Que firmei o meu amar

ENCANTO

Por todo lugar de pureza
Segue uma força misteriosa
É cantando esse *reggae*
Que se desenrola uma história
Nele uma boa moça e em bom rapaz
Vivem de harmonia, de samba e de paz

Cerveja na mesa
Olha que beleza
Firmeza no meu santo
Original do Banto
Porque viver de tristeza
Se posso viver de encanto

Magia de luz que no peito se traduz
Como com o cacto do agreste
Mandacaru também floresce

UM SONHO BOM

Sonhei com flores de Oxum
Girassóis para abrir os caminhos
Nunca a sós, num buquê bem bonito
Armando um amor silencioso sem grito

Sonhei com o ouro de Oxum
Amarelo reluzente nele inscrito
Já achou a sua maior riqueza,
Ela mora no espelho, a sua beleza

Sonhei com a dança de Oxum
Cadência ritmada dos rios
Encarei seus desafios
Carência não me traz mais calafrios

Acordei com a benção de Mamãe Oxum
Carrego agora um espelho de riqueza incomum
Também girassóis para amar em paz
E sabendo que para águas passadas
Não se olha para trás

PAZ DE OXUM

Fui caminhando em mata fechada
Em cada pisada eu me aproximava
Me lambuzava do doce mel
E um cordel a Ela dedicava

Na beira da cachoeira
Que vi o Teu chegar
E foi na pedreira
Que encontrei meu andar
É d'alma brasileira
Que faz o Teu congá

Limpa toda a tristeza
E também o meu sofrer
Em meio a essa natureza
Nada pode me ofender
Sou moço verdadeiro
A Ti venho recorrer

Do Teu doce encanto
Me sai um bom sorriso
Amarelo é a cor do Teu manto
Nele me cubro quando preciso
Meu pranto agora é manso
Agradeço mais uma vez e tenho dito

Faço minha última saudação
É da cor do ouro a Tua oração
Você me pega forte pelo braço
E esvazia o meu cansaço

RAINHA DE COPAS

Acorde sabendo que você é uma rainha
Que seu olhar é de realeza
Que seu sorriso é de encanto dourado
Que sua coroa não é de metal, mas sim de flores
Flores amarelas e brancas que dançam na sua cabeça
Como quem dança sabendo que está em casa
Em perfeita harmonia com seu ser
Você é rainha
Sua presença se impõe mesmo sem querer
É lindo de ver
Você é rainha
E nada menos que isso deve te satisfazer

OXUM E XANGÔ

Ela era de Oxum
Eu era de Xangô
Ela dançava e seduzia
Eu fingia que não via

Dizia que amar não era a minha
Que a solidão era minha companhia
Oxum me lembrou do que já me esquecia
Que com toda aquela água que caía
Não há pedreira que fique sozinha

Com a paciência e sem mágoa
Abraçava aquela queda d'água
Aos poucos me lapidou
Foi dizendo realmente quem eu sou
As pontas que cortavam deixei para trás
Hoje Xangô e Oxum vivem em paz

CASA

A lua cheia é o sol na noite litorânea
O ar ecoa em mistério a voz de Bethânia
"Não misturo, não me dobro, a Rainha do Mar
Anda de mãos dadas comigo"
Sonho com as águas salgadas de Yemanjá
Uma oferenda de flores brancas em seu altar
Perfume de alfazema à beira-mar

Ali me misturei e me dobrei, sumiram minhas mágoas
A Rainha do Mar estava de mãos dadas comigo
Envolto em suas marés, fui dançando pelas suas águas
Era peixe vestido de homem, tinha voltado ao meu abrigo

Dona do meu Orí e dos meus segredos
Sei que o mar me chama, mas ainda não é tempo
Não há pressa para nosso reencontro
Orunmilá já se encarregou de deixar tudo pronto

Não preciso aprender a nadar, isso eu já sei
Me ensina teus mistérios que um dia hei de ser
Onde tu és Rainha, quero ser um filho Rei

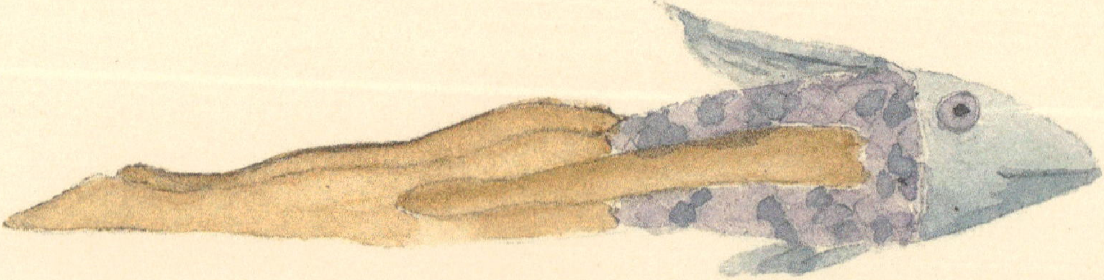

COMO ELE VEM FACEIRO

Me embala e me nana
São as ondas de Yemanjá
Me põe para dormir em alto-mar
Me sonha que sou um grande peixe
Que para casa vou voltar

Balança meu barco, enche minha rede
E me acorda com a fúria da sereia do mar
Lembrando que pra casa ainda não vou voltar
Tenho família de terra e tenho família Odoyá
Sou filho do mar e pai de peixinho que um dia ainda vai
Aprender a navegar

TÍMIDO ESPALHAFATOSO

Sou de choro fácil
É Yemanjá quem me carrega
Sou o mar
Sou d'água que não sossega
Sou o marinheiro que te navega

Assim como Caetano
Sou filho do oceano
Sou das águas salgadas
Das almas temperadas

Foi na cadência das águas
Que a paciência deu as caras

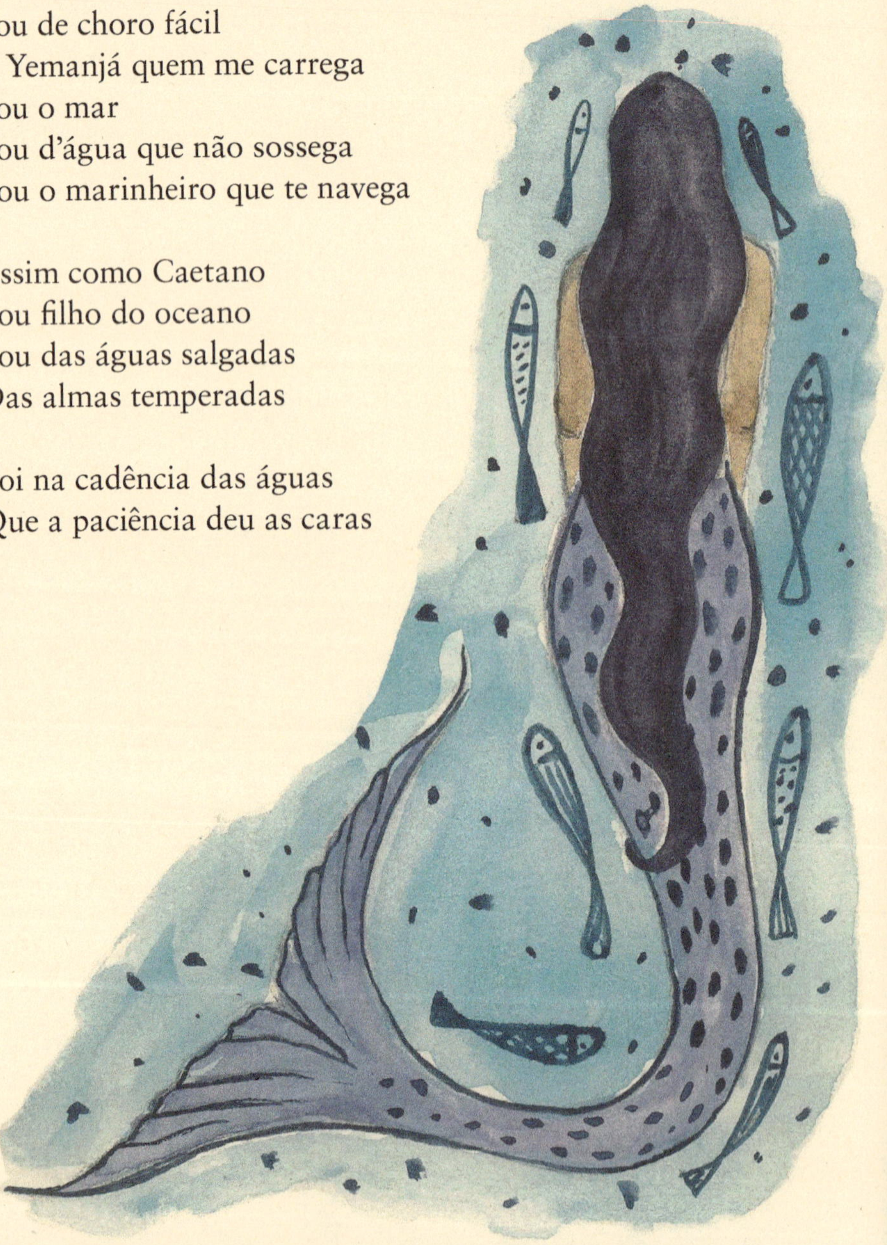

O MUNDO

Sou filho das marés
E sou filho da luz branca
Minha garganta canta
Odoyá, Rainha do Mar
Epa Babá, a benção meu Pai Oxalá
Sou irmão do meu povo
Que é preto e é brasileiro
É pescador e é marinheiro
É caboclo e é cangaceiro
Temos crianças no país inteiro
Tem até ciganas e índio boiadeiro
Tem malandro e tem mulher
Brasil é meu chão, é a minha raiz
É nessa terra que todo dia eu aprendo a ser feliz

AGRADECIMENTOS

Agradeço primeiramente aos meus pais, que fincaram firme em mim raízes de respeito e curiosidade pelo mundo.

Agradeço aos meus ancestrais, que guiam e ensinam os meus melhores caminhos.

Agradeço a Yollanda, que mergulhou nesse projeto e deu cores às minhas palavras.

E agradeço às encruzilhadas que permitem encontros transformadores que norteiam o caminhar.

Este livro só foi possível graças à construção coletiva de amigos e apoiadores do projeto, organizado pela plataforma Benfeitoria, que nos deu todo apoio e suporte para viabilizá-lo. Agradecemos a cada um que contribuiu.

Ana Scintilla Martins de Almeida Prado
Ana Carolina Almeida Prado
Grande Mancha Vermelha
Maria da Graça de Almeida Prado Kerr
Gabriel Lucinski
Beatriz Kyrillos
Andre Bohomol Velhote
Antonio Oliveira
Gabriela Fiore Bonicio
Christine Getschko
Luiz Perin
Camila Honorato
Martina Sallowicz
Ana Maria Galrão Rios
Karoline Branco
Juliana Sudario
Denise Tomie Kawakami
Flora de Almeida Prado Kerr
Caio Barbosa
Amadeus Amaral de França Pereira Jr.
Mariana Martins Biondi
Olivia Benazzi Piranda
Felipe Prado Correa Pereira
Flavia Umbelina dos Santos
Ivan Castrucci Caviglia
Raul Gustavo Beber
André Heitor de Faria Ferreira Lima
Veridiana Bastos
Alexandre Torres Ferreira Brandão
Luiza Linardi Mollo
Andrei Gerasimczuk
Layla Thamm Jarruche

Philippe Albert Dalle Molle Benahyon
André Caetano de Mello
Fernanda Azevedo Colares
Mariá Toledo
Leonardo Hori
Ricardo Tessitore Bomente
Claudia Anayá
Claudia Gadotti
Victor Uehara
Ricardo Valls Baldin
Luisa de Almeida Prado Arruda Pignalosa
Lara Oliveira
Luciano Guimarães Pereira
Gustavo de Araújo Soares
Cecília Troiana
Luciano Araújo
Selma Tavares
Leni Rocha Silva
Amilton Soares Junior
Luca Galego
Lorena Guimarães Avila Bernardes
Silvia Di Eusanio
Natália Ramos Braga
Renata Pontual
Raisa Achui Haga
Fabrício Lopes Barcellos
Natalia Calegare
Fernando de Carvalho Barcellos
Amanda Rolim Araujo
Flora Maria Pinheiro de Britto
Cintia Pereira Jeronimo
Elisabete Landmann
Julia Rocha
Caroline Macedo Guandalin
Mateus Donia Martinez
Guilherme Guimarães Manfrinato
Regiane Pereira dos Santos
Gabriela Valdanha
Felipe Sulla

Hermann James Tufolo Franz
Giselle Paulino dos Reis de Oliveira
Gisele Caroline Veiga de Andrade
Minoru Naruto
Rita Barossi
Henrique Rodrigues
Cazul
Lea S. B. de Freitas Amato
Juliana Medeiros Paço
Ana Maura Werner
Linna Karo
Carmem Silvia Mentone
Maria Lucia Serra
Paola de Ávila Barbosa
Olivia Mentone Nogueira
Leticia Maria Reis de Melo
Teresa Cristina Kassab Silva
Regiane de Souza Alves Silva
Bruna Cristina da Silva
Roberto de Abreu Carvalho FIlho
Selma Boaventura
Mariana Sica
Lis Bianca
Lucas Padilha
Isabella Fernandes Martins Santos
Jonas Neto
Felipe Sulla
Antonio Elder Gonçalves Coqueiro
Guilherme Santos de Menezes
Claudia Deberaldine
Luiz Gabriel Klingelhoefer
de Freitas Santos
Mauricio Franz Cardias Correa
Isabela Leite Concílio
Caio Godoy
Lucca Ortolan Hansen
Thomas de Vries
Selma Tavares
Manuel Carlos Mesquita Correa Pereira

FONTE AM Assab, AM Tripoli, Sabon LT Pro e Sirenia.
PAPEL Pólen Natural 80g/m²
IMPRESSÃO Meta